JANE AUSTEN

EIN LEBEN VOLLER GESCHICHTEN

Die englische Originalausgabe erschien 2015 unter
dem Titel JANE AUSTEN – LIFE POTRAITS bei
Frances Lincoln Limited, London, United Kingdom.

Übersetzung: Claire Schmartz
Satz und Redaktion: booklab, München
Lettering: Alicia Terry
Gesamtherstellung: 1010 Printing International, China

ISBN 978-3-8485-0409-1

www.groh.de

FSC
www.fsc.org
MIX
Papier | Fördert gute Waldnutzung
FSC® C016973

Kontaktadresse nach EU-Produktsicherheitsverordnung:
produktsicherheit@droemer-knaur.de

JANE AUSTEN

von Zena Alkayat und Nina Cosford

»Welche all meiner wichtigen Nichtigkeiten soll ich dir zuerst erzählen?«

Brief, 1808

JANE AUSTEN KAM AM
16. DEZEMBER 1775 IN STEVENTON,
HAMPSHIRE, AUF DIE WELT. SIE
LEBTE MIT IHREM VATER GEORGE
UND IHRER MUTTER CASSANDRA IM
PFARRHAUS DES DORFES.

ZUM PFARRHAUS GEHÖRTE
EIN BAUERNHOF MIT KÜHEN,
HÜHNERN UND ENTEN UND AUF DEN
ANGRENZENDEN FELDERN WURDEN
WEIZEN, GERSTE UND HOPFEN
ANGEBAUT. JANE HATTE SECHS
BRÜDER UND EINE SCHWESTER.

Der Austen-

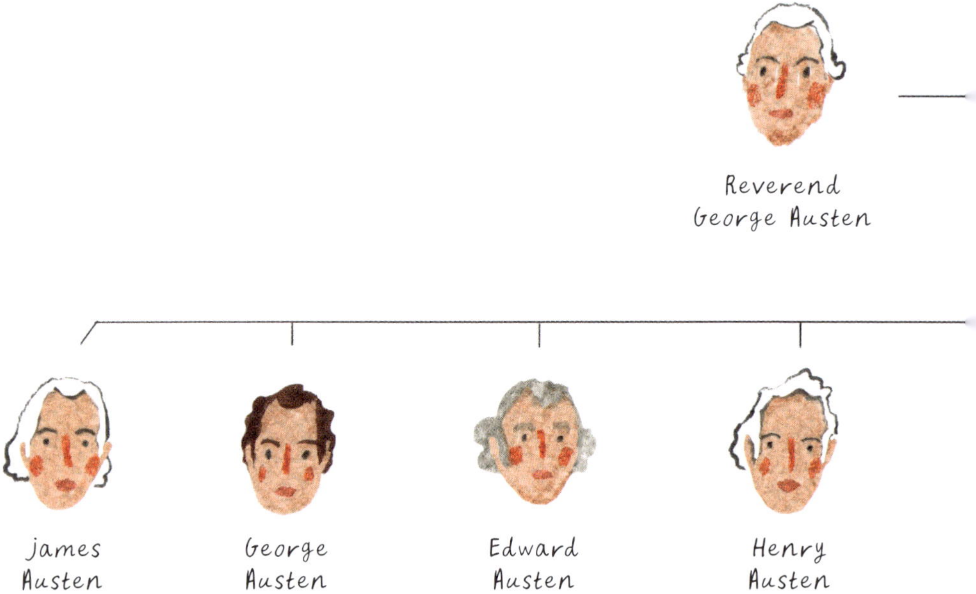

Reverend George Austen
James Austen
George Austen
Edward Austen
Henry Austen

Stammbaum

Cassandra Leigh
Cassandra Austen
Francis »Frank« Austen
Jane Austen
Charles Austen

JANES VATER WAR PFARRER UND BAUER, DOCH UM DEN LEBENSUNTERHALT DER FAMILIE ZU SICHERN, VERWANDELTEN ER UND MRS AUSTEN DAS PFARRHAUS IN EINE KNABENSCHULE.

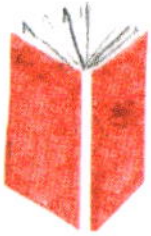

FÜR JANE WAR ES ALSO GANZ NORMAL, ZEIT MIT JUNGEN ZU VERBRINGEN UND VON UNZÄHLIGEN BÜCHERN UMGEBEN ZU SEIN.

ALS KINDER WAREN JANE UND IHRE SCHWESTER CASSANDRA UNZERTRENNLICH. GEMEINSAM BESUCHTEN SIE DIE GRUNDSCHULE UND LERNTEN SCHREIBEN, FRANZÖSISCH, MATHEMATIK, NÄHEN UND TANZEN.

ALS JANE ELF JAHRE ALT WAR, VERBRACHTE IHRE COUSINE ELIZA WEIHNACHTEN IN STEVENTON. ELIZA WAR GEHEIMNISVOLL UND HINTERLIESS EINEN BLEIBENDEN EINDRUCK, DENN IHR LEBEN KLANG SO FANTASTISCH WIE EINE ROMANHANDLUNG: SIE HATTE EINEN FRANZÖSISCHEN OFFIZIER GEHEIRATET UND TRUG ELEGANTE MODE.

ELIZAS GLAMOUR STELLTE SO EINIGES AUF DEN KOPF: DIE BRÜDER UMWARBEN SIE UND JANE GEWANN EINE FREUNDIN FÜRS LEBEN.

Eliza

DIE AUSTENS VERANSTALTETEN LEIDENSCHAFTLICH GERN THEATERABENDE.

DIE ROLLEN WURDEN UNTER FREUNDEN VERTEILT, KULISSEN GEMALT UND DIE REQUISITEN SELBST GEBASTELT.

AUCH DAS SCHREIBEN WAR
ALLGEGENWÄRTIG. JANES MUTTER
VERFASSTE GEDICHTE UND
JANES BRUDER JAMES WAR EIN
ANERKANNTER AUTOR. JANE SELBST
SCHRIEB AM LIEBSTEN PROSA UND
FÜLLTE NOTIZBÜCHER MIT WILDEN,
SCHARFSINNIGEN GESCHICHTEN.

RINGS UM SIE HERUM WURDE
GEHEIRATET UND MEIST SPIELTE GELD
DABEI EINE ENTSCHEIDENDE ROLLE.

JANE ERFUHR, DASS IHRE COUSINE ELIZA IN INDIEN GEBOREN WORDEN WAR, WEIL DEREN MUTTER DORTHIN GEREIST WAR, UM EINEN REICHEN BRITISCHEN HÄNDLER ALS EHEMANN ZU FINDEN.

BALD VERLOBTE SICH IHRE SCHWESTER CASSANDRA MIT DEM JUNGEN GEISTLICHEN THOMAS FOWLE. DOCH DA KEINER VON BEIDEN ÜBER VERMÖGEN VERFÜGTE, LIESS DIE HOCHZEIT AUF SICH WARTEN.

GEGEN ENDE IHRER TEENAGERJAHRE BEGANN JANE MIT DER ARBEIT AN EINER ERZÄHLUNG.

»LADY SUSAN« ERZÄHLT VON EINER DURCHTRIEBENEN FRAU, DIE AUF DER SUCHE NACH ZWEI EHEMÄNNERN IST: EINEM FÜR SICH UND EINEM FÜR IHRE TOCHTER.

JANES FAMILIE ERKANNTE
RASCH IHR AUSSERGEWÖHNLICHES
SCHRIFTSTELLERISCHES TALENT.
BESONDERS IHR VATER WAR STOLZ
AUF JANE UND SCHENKTE IHR
ZU IHREM 19. GEBURTSTAG EINEN
KLEINEN MAHAGONISCHREIBTISCH.

JANE TANZTE GERN UND
BESUCHTE DIE BÄLLE, DIE DER
LANDADEL IN IHREM HEIMATDORF
VERANSTALTETE.

DABEI WURDEN DIE MÖBEL AN
DIE WÄNDE GERÜCKT, EIN NACHBAR
SCHNAPPTE SICH EINE GEIGE UND
JEMAND ANDERES SETZTE SICH
ANS KLAVIER.

»Zwischen gern tanzen und sich verlieben war nur noch ein kleiner, fast unvermeidlicher Schritt.«

»Stolz und Vorurteil«, 1813

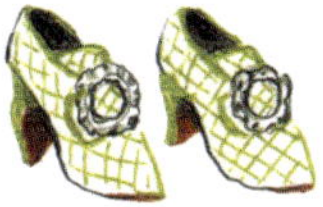

Elinor
&
Marianne

JANE HATTE EINE GUTE BEOBACHTUNGSGABE UND EIN SCHARFES AUGE FÜR MENSCHLICHE SCHWÄCHEN. NOCH VOR IHREM 20. GEBURTSTAG BEGANN SIE IHREN ERSTEN ROMANENTWURF, »ELINOR UND MARIANNE«, AUS DEM SPÄTER »VERSTAND UND GEFÜHL« WERDEN SOLLTE.

ZU DIESER ZEIT TOBTE DIE
FRANZÖSISCHE REVOLUTION
UND GROSSBRITANNIEN
BENÖTIGTE DRINGEND SOLDATEN.
VIER VON JANES BRÜDERN
GINGEN ZUM MILITÄR ODER
TRATEN DER MARINE BEI.

DER MANN IHRER COUSINE
ELIZA FIEL IN FRANKREICH UND
HINTERLIESS SIE ALS JUNGE WITWE
MIT EINEM KLEINEN KIND.

DOCH ABGESEHEN VON DER WACHSENDEN ZAHL AN OFFIZIEREN IN DER GEGEND BLIEB DAS LEBEN IN STEVENTON UNVERÄNDERT. JANE FLIRTETE UND TANZTE MIT PASSABLEN HEIRATSKANDIDATEN – BIS SIE DEN ANGEHENDEN JURISTEN TOM LEFROY KENNENLERNTE.

Tom

IHRE STARKE ANZIEHUNG ZUEINANDER BLIEB DEN NACHBARN NICHT VERBORGEN. JANE ZÖGERTE NICHT, IHRE GEFÜHLE OFFEN ZU ZEIGEN, OBWOHL SIE TOM ERST KURZ KANNTE.

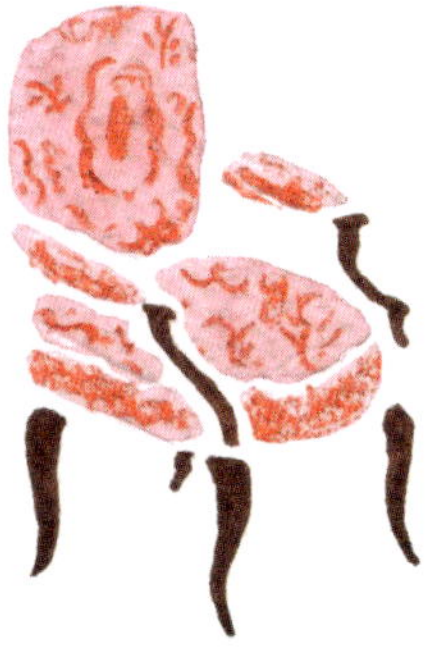

»Ich traue mich kaum, dir zu erzählen, wie mein irischer Freund und ich uns benommen haben. Stell dir vor, wie wir in der lasterhaftesten und skandalösesten Art zusammensaßen und miteinander getanzt haben.«

Brief, Januar 1796

DOCH TOM STAND UNTER DRUCK:
ER SOLLTE EINE JURISTISCHE
LAUFBAHN EINSCHLAGEN UND EINE
VORTEILHAFTE EHE EINGEHEN. JANE
HINGEGEN WAR EINE JUNGE FRAU
OHNE VERMÖGEN. SO SCHNELL, WIE
SIE SICH IN IHN VERLIEBT HATTE,
VERSCHWAND ER WIEDER AUS
IHREM LEBEN.

JANE STÜRZTE SICH IN IHRE ARBEIT.
IM OKTOBER 1796 BEGANN SIE MIT
EINEM NEUEN ROMANENTWURF
NAMENS »FIRST IMPRESSIONS«,
AUS DEM SPÄTER »STOLZ UND
VORURTEIL« WERDEN SOLLTE.
IN WENIGER ALS EINEM JAHR
WAR DAS MANUSKRIPT FERTIG.
DANACH WIDMETE SIE SICH ERNEUT
»VERSTAND UND GEFÜHL«, DAS SIE
BERARBEITETE UND IN EINE NEUE
FORM BRACHTE.

SIE LAS IHRE WERKE IHRER FAMILIE LAUT VOR.

Janes
Wächsernes Siegel
Schreibfeder
Cassandras Briefe
Taschenmesser
Tinte
Bild von ihrem Vater
Uhr
Schere

Schreibtisch
Schnur
Lavendel
Kleiner Spiegel
Brille
Kerzenleuchter
Manuskripte
Erstausgaben

»VERSTAND UND GEFÜHL« HANDELT VON DEN SCHWESTERN ELINOR UND MARIANNE – DIE EINE BESONNEN UND PFLICHTBEWUSST, DIE ANDERE IMPULSIV UND STÜRMISCH VERLIEBT – SOWIE VON ARRANGIERTEN EHEN, KLASSEN-DENKEN, GELD, MANIPULATION UND GESELLSCHAFTLICHEN KONVENTIONEN.

Darcy

»STOLZ UND VORURTEIL«
SCHILDERT DIE HÖHEN UND TIEFEN
DER FÜNF BENNET-SCHWESTERN,
ALLEN VORAN ELIZABETH BENNET,
DIE EINE TURBULENTE BEZIEHUNG
MIT DEM EINGEBILDETEN, ABER
GUT AUSSEHENDEN MR DARCY
DURCHLEBT.

MR AUSTEN WAR SO ANGETAN
VON DEN GESCHICHTEN SEINER
TOCHTER, DASS ER DAS MANUSKRIPT
VON »STOLZ UND VORURTEIL«
IM JAHR 1797 AN DEN LONDONER
VERLEGER THOMAS CADELL SCHICKTE.
DIE ANTWORT LIESS NICHT LANG
AUF SICH WARTEN ...

Postwendend
abgelehnt

EINE SCHLECHTE NACHRICHT JAGTE DIE ANDERE. UM FÜR DIE GEMEINSAME ZUKUNFT ZU SPAREN, HATTE SICH CASSANDRAS VERLOBTER ALS MILITÄRKAPLAN DER ARMEE ANGESCHLOSSEN. DOCH NOCH BEVOR ER ZU WOHLSTAND KOMMEN KONNTE, ERLAG ER IN DER KARIBIK DEM GELBFIEBER.

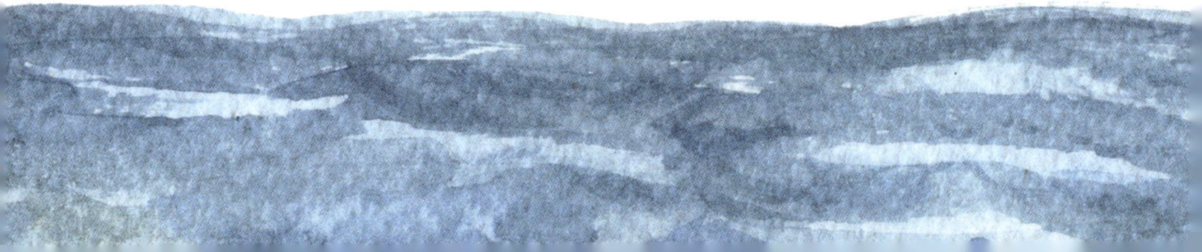

CASSANDRA ERBTE 1000 PFUND
AUS SEINEM NACHLASS.

DOCH AUS TRAUER ÜBER IHREN
VERLUST ENTSCHIED SIE SICH,
NIE ZU HEIRATEN.

JANES BRUDER HENRY HINGEGEN MACHTE DER FASZINIERENDEN COUSINE ELIZA WEITERHIN DEN HOF UND HIELT UM IHRE HAND AN – UND HATTE SCHLIESSLICH ERFOLG.

ELIZA WAR ZEHN JAHRE ÄLTER ALS HENRY UND GENOSS ES, IN DEN BESTEN LONDONER KREISEN ZU VERKEHREN, STETS IN BEGLEITUNG IHRES MOPSES.

ALLMÄHLICH BEGANN DIE ETABLIERTE GESELLSCHAFTLICHE ORDNUNG UM JANE HERUM ZU BRÖCKELN. MARY WOLLSTONECRAFTS 1792 ERSCHIENENES WERK »DIE VERTEIDIGUNG DER FRAUENRECHTE« WURDE KONTROVERS DISKUTIERT UND MACHTE DIE FEHLENDE GLEICHSTELLUNG VON FRAUEN UND MÄNNERN OFFENSICHTLICH.

JANE WIEDERUM BEWUNDERTE
DEN MORALPHILOSOPHEN
SAMUEL JOHNSON. IN SEINEN
ESSAYS TRAT ER DAFÜR EIN, DURCH
FLEISS UND DIENST AN SEINEN
MITMENSCHEN ZU WOHLSTAND ZU
GELANGEN – UND NICHT DURCH
ERBSCHAFTEN.

ALS IHRE BRÜDER NACH
UND NACH HEIRATETEN UND
FAMILIEN GRÜNDETEN, SPÜRTE
JANE DEN UNANGENEHMEN
DRUCK WOHLMEINENDER
VERKUPPLUNGSVERSUCHE.
GLEICHZEITIG HATTE SIE DIE
GELEGENHEIT, DAS FAMILIEN-
LEBEN AUS DER DISTANZ ZU
BEOBACHTEN, WENN SIE IHRE
BRÜDER BESUCHTE UND SICH UM
IHRE ZAHLREICHEN NICHTEN
UND NEFFEN KÜMMERTE.

ZU DIESER ZEIT SCHRIEB JANE AN »SUSAN«, DEM SPÄTEREN »DIE ABTEI VON NORTHANGER«. DER ROMAN SPIELT IN DER ELEGANTEN KURSTADT BATH, WOHIN JANE ERSTMALS 1799 MIT IHRER MUTTER REISTE.

JEDES MAL, WENN SIE VON
CASSANDRA GETRENNT WAR,
SCHRIEB SIE IHRER SCHWESTER
AUSFÜHRLICHE BRIEFE UND
BERICHTETE VON DEN KLEINEN,
ALLTÄGLICHEN EREIGNISSEN.

ABER CASSANDRA ZERSTÖRTE VIELE DIESER BRIEFE NACH DEM LESEN, DAMIT JANES SPITZE BEMERKUNGEN UND VERTRAULICHE GEDANKEN PRIVAT BLIEBEN.

ZUR JAHRHUNDERTWENDE
ENTSCHIEDEN SICH JANES ELTERN
IM HOHEN ALTER DAZU, DAS
PFARRHAUS UND DAS LANDLEBEN
HINTER SICH ZU LASSEN UND
NACH BATH ZU ZIEHEN.

SIE VERKAUFTEN HUNDERTE
IHRER BÜCHER UND PACKTEN DEN
GESAMTEN HAUSSTAND EIN.

BATH WAR EINE STADT DER GESELLIGKEIT UND UNTERHALTUNG. ALLENTHALBEN GAB ES THEATERVORSTELLUNGEN UND TANZVERANSTALTUNGEN, DAZU GESUNDHEITSFÖRDERNDE BÄDER UND WOHLHABENDE ADELIGE, DIE SICH GERN BEIM FLANIEREN BEWUNDERN LIESSEN.

HIER DREHTE SICH ALLES UM
SEHEN UND GESEHEN WERDEN.

Bath

DIE AUSTENS ZOGEN IN EIN ELEGANTES REIHENHAUS AM SYDNEY PLACE 4 MIT BLICK AUF HÜBSCHE GÄRTEN. DOCH TROTZ DES ANSPRECHENDEN AMBIENTES WAR JANE MIT IHREM NEUEN LEBEN UNZUFRIEDEN. ES DAUERTE JAHRE, BIS SIE SICH WIEDER DEM SCHREIBEN WIDMETE.

4
4

JANE BEMÜHTE SICH, DAS BESTE AUS IHREM NEUEN LEBENSUMFELD ZU MACHEN. SIE ERKUNDETE DIE SÜDWESTKÜSTE UND REISTE NACH DAWLISH, TEIGNMOUTH UND LYME REGIS. SIE UNTERNAHM KLIPPEN-WANDERUNGEN UND SCHWAMM VON EINER BADEKARRE AUS IM MEER.

Lyme Regis

BEI EINEM IHRER AUSFLÜGE BESUCHTE SIE IHRE FREUNDINNEN ALETHEA UND CATHERINE BIGG IN HAMPSHIRE UND VERBRACHTE DORT ZEIT MIT DEREN BRUDER HARRIS.

HARRIS WAR EIN LINKISCHER JUNGER MANN, DER STOTTERTE. DOCH ER WAR AUCH DER ERBE EINES KLEINEN VERMÖGENS.

AM 2. DEZEMBER 1802 HIELT
ER UM JANES HAND AN –
UND JANE SAGTE JA.

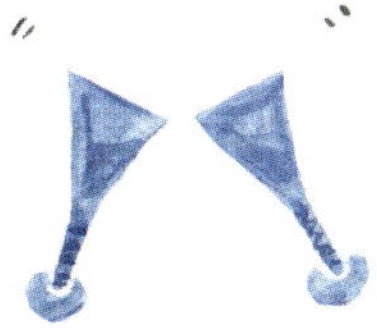

DOCH AM NÄCHSTEN MORGEN SUCHTE SIE IHN DIREKT NACH DEM AUFSTEHEN AUF UND ERKLÄRTE IHM, DASS SIE IHN NICHT HEIRATEN WOLLTE.

HARRIS HEIRATETE ZWEI JAHRE SPÄTER EINE ANDERE FRAU UND BEKAM MIT IHR ZEHN KINDER.

IM JAHR 1803 SCHICKTE JANES
BRUDER HENRY IHR MANUSKRIPT
»DIE ABTEI VON NORTHANGER«
AN DEN LONDONER VERLEGER
RICHARD CROSBY, DER IHR 10 PFUND
DAFÜR BOT - DAS WERK JEDOCH
NIE VERÖFFENTLICHTE.

JANES LANGSAM ZURÜCKKEHRENDE BEGEISTERUNG FÜR DAS SCHREIBEN WURDE JÄH UNTERBROCHEN, ALS IHR VATER ERKRANKTE UND 1805 VERSTARB. SEIN TOD HATTE TIEFGREIFENDE AUSWIRKUNGEN AUF SEINE HINTERBLIEBENEN - JANE, CASSANDRA UND IHRE MUTTER.

OHNE GESICHERTES EINKOMMEN WAREN SIE GEZWUNGEN, ZU JANES BRUDER FRANK NACH SOUTHAMPTON ZU ZIEHEN.

DOCH ALLMÄHLICH KEHRTE WIEDER EINE GEWISSE ORDNUNG IN IHR LEBEN EIN. JANES BRUDER EDWARD BOT IHRER MUTTER UND DEN SCHWESTERN EIN COTTAGE IN CHAWTON, HAMPSHIRE, AN.

DAS COTTAGE HATTE SECHS ZIMMER UND EINEN GEMÜSEGARTEN. IM SOMMER 1809 ZOGEN DIE FRAUEN DER FAMILIE AUSTEN DORT EIN.

Chawton

DAS LEBEN IN CHAWTON WAR
FRIEDLICH. JANES MUTTER, DIE
INZWISCHEN ÜBER 70 JAHRE ALT
WAR, PFLANZTE KARTOFFELN AN
UND KÜMMERTE SICH TÄGLICH
UM DEN BLUMENGARTEN.

JANE SPAZIERTE GERN DURCH DAS NAHE GELEGENE ALTON, WO SIE MIT IHRER SCHWESTER EINKAUFTE UND IHRE BRIEFE ZUR POST BRACHTE.

IN CHAWTON BEGANN JANE ENDLICH WIEDER ZU SCHREIBEN. SIE ARBEITETE WEITER AN »VERSTAND UND GEFÜHL« UND IHR BRUDER HENRY FAND EINEN VERLEGER, DER BEREIT WAR, DAS WERK AUF KOSTEN DER AUTORIN ZU VERÖFFENTLICHEN. HENRY UND ELIZA KAMEN DAFÜR AUF.

DIE ERSTE AUFLAGE DES BUCHES, DAS 15 SCHILLING KOSTETE, WAR IN WINDESEILE VERGRIFFEN. INNERHALB VON ZWEI JAHREN VERDIENTE JANE 140 PFUND MIT DEN TANTIEMEN.

IN DEN DARAUFFOLGENDEN
JAHREN BESUCHTE SIE REGELMÄSSIG
IHREN BRUDER HENRY UND DESSEN
FRAU ELIZA IN DER SLOANE STREET
IN LONDON. SIE SCHLENDERTE DURCH
DAS GESCHÄFTIGE STADTZENTRUM
UND FUHR MIT DER KUTSCHE
INS THEATER.

London

JANE VERÖFFENTLICHTE ANONYM, UND IHR LEBEN IN CHAWTON GING UNGESTÖRT WEITER. ZU IHREN TÄGLICHEN PFLICHTEN GEHÖRTE ES, MORGENS TEE UND TOAST ZUM FRÜHSTÜCK ZUZUBEREITEN. SIE STAND ZEITIG AUF UND ÜBTE KLAVIER, BEVOR IHRE MUTTER UND IHRE SCHWESTER IHREN TAG BEGANNEN.

Georgianisches

Speisen

Sauciere
Senftopf
Silber-
becher
Löffel
Kerzenständer
Konfekt
Teekanne
Teetasse

1811 BEGANN JANE MIT DER ARBEIT AN »MANSFIELD PARK«. DER ROMAN ERZÄHLT DIE GESCHICHTE DER TUGENDHAFTEN JUNGEN FANNY PRICE, DIE ABER MITTELLOS IST. IN DIE GEHOBENE GESELLSCHAFT KATAPULTIERT, WIDERSTEHT FANNY DER OBERFLÄCHLICHKEIT UND VERSUCHUNG.

ANGESPORNT DURCH DEN ERFOLG VON »VERSTAND UND GEFÜHL«, DIE POSITIVEN KRITIKEN SOWIE DIE BELIEBTHEIT DES ROMANS BEI DEN REICHEN UND SCHÖNEN, BOT JANE DEMSELBEN VERLEGER, THOMAS EGERTON, 1812 DIE RECHTE AN »STOLZ UND VORURTEIL« AN.

DAS BUCH WURDE FÜR
18 SCHILLING VERKAUFT UND
JANE VERDIENTE DAMIT
110 PFUND.

DIE LESERSCHAFT VERLIEBTE SICH IN ELIZABETH BENNET. UND AUCH JANE SELBST WAR DER FIGUR SEHR ZUGETAN.

»Ich muss zugeben, dass ich mir Elizabeth als eine der reizendsten Figuren der gesamten Literaturgeschichte vorstelle. Wie ich diejenigen ertragen soll, die sie nicht mögen, weiß ich nicht.«

Brief, Januar 1813

ELIZABETH

KURZ DARAUF WANDTE SICH JANE IHRER NÄCHSTEN HAUPTFIGUR ZU. ANFANG 1814 BEGANN SIE MIT »EMMA« UND VOLLENDETE DEN ROMAN IM FRÜHJAHR 1815, ALS »MANSFIELD PARK« VERÖFFENTLICHT WURDE.

»EMMA« IST EINE KOMÖDIE ÜBER DIE FOLGEN UNKLUGER HEIRATSVERMITTLUNG UND FEHLGELEITETER MANIPULATION.

JANES IDENTITÄT ALS AUTORIN WURDE ALLMÄHLICH BEKANNT, ALS SICH DER PRINZREGENT ALS EINER IHRER BEWUNDERER ZU ERKENNEN GAB. ER LIESS VERLAUTEN, DASS ER SICH WÜNSCHTE, DER ROMAN »EMMA« MÖGE IHM GEWIDMET WERDEN.

ALS JANE IM DEZEMBER 1815 40 JAHRE ALT WURDE, WURDEN 2000 EXEMPLARE VON »EMMA« GEDRUCKT – EINSCHLIESSLICH EINER WIDMUNG FÜR DEN ROYALEN BEWUNDERER. DAS BUCH KOSTETE 21 SCHILLING.

Seiner Königlichen Hoheit,
dem Prinzregenten,
ist dieses Werk mit der
Erlaubnis Seiner
Königlichen Hoheit höchst
respektvoll gewidmet.

NACH DIESER FÜLLE AN ERFOLG-
REICHEN VERÖFFENTLICHUNGEN,
POSITIVEN KRITIKEN UND
ANGESICHTS IHRER STEIGENDEN
BEKANNTHEIT BEGANN JANE SICH
UNWOHL ZU FÜHLEN. SIE SCHRIEB
JEDOCH WEITER UND ARBEITETE AN
»ANNE ELLIOT ODER DIE KRAFT DER
ÜBERREDUNG«. DOCH DIESES WERK
SOLLTE ERST POSTHUM ERSCHEINEN.

»ANNE ELLIOT« WURDE EBENSO GELOBT WIE JANES VORHERIGE ROMANE. DIE HAUPTFIGUR IST EINE JUNGE FRAU, DIE SICH DAVON ABBRINGEN LÄSST, EINEN MANN ZU HEIRATEN, DER ALS IHRER NICHT WÜRDIG ERACHTET WIRD. ALS SIE IHN ETWA ZEHN JAHRE SPÄTER WIEDERSIEHT, IST ER ZU EINEM WOHLHABENDEN, ERFOLGREICHEN UND ANGESEHENEN MARINEKAPITÄN GEWORDEN.

AUCH WENN JANE NICHT EINGESTAND, DASS SIE ERNSTHAFT KRANK WAR, MUSSTE SIE BALD DAS BETT HÜTEN. IM APRIL 1817 SCHRIEB SIE HEIMLICH IHR TESTAMENT UND WURDE KURZ DARAUF IN DIE COLLEGE STREET 8 IN WINCHESTER GEBRACHT, UM IN DER NÄHE IHRES ARZTES ZU SEIN.

»Sollte ich eine alte Frau werden, werde ich mir sicher wünschen, jetzt gestorben zu sein, gesegnet mit der Zärtlichkeit dieser Familie, bevor ich sie oder ihre Zuneigung überlebe.«

Brief, Mai 1817

AM 18. JULI 1817 SCHLIEF JANE
FRIEDLICH FÜR IMMER EIN.
IHR KOPF RUHTE AUF DEM SCHOSS
IHRER SCHWESTER. SIE WURDE
41 JAHRE ALT.

»Sie war die Sonne meines Lebens, der Glanz jedes Vergnügens, der Trost jeder Trauer.«

Cassandra Austen, Juli 1817

Dank

Die Autorin bedankt sich für die Informationen und die Inspiration, die sie durch Claire Tomalins wunderbare Biografie *Jane Austen: A Life* erhalten hat. Ein weiterer Dank geht an Joan Strasbaugh, Autorin von *The List Lover's Guide to Jane Austen,* für ihre Beratung bei der Erstellung des Buches. Ihre Expertise war von unschätzbarem Wert.

Die Illustratorin möchte Ali, Ma, Pops, Jojo und Chester ihre Liebe und ihren Dank aussprechen.

Die in diesem Buch verwendeten Zitate wurden folgenden Quellen entnommen:

Jane Austen's Letters, hrsg. von Deirdre Le Faye (Oxford University Press),

Selected Letters, hrsg. von Vivien Jones, (Oxford University Press),

Pride and Prejudice, Jane Austen (Penguin).